図と絵で整理し
ひらめきを生む

13歳からのグラレコ

学びを楽しむノート術

樋口美由紀 著

Mates-Publishing

はじめに

　みなさんはじめまして。わたしはコクヨという会社で働いています。キャンパスノートとか、カドケシなどの文房具で、「コクヨ」という名前を聞いたことがあるという方もいらっしゃるかもしれませんね。

　この本では、絵や図を使って、ノートをグラフィックレコーディング（グラレコ）風にまとめる方法（グラレコ風ノート術™）をお伝えします。
　グラレコ風ノート術™を活用すると、ふだんの学習がわかりやすく楽しくなりますし、言いたいことが人に伝わりやすくなります。ノートにかいた情報をもとにアイデアを広げたり、発展させたりすることもできます。大人になってもいろいろ役立ちますよ。

　とはいうものの……。実は私は、グラレコの専門家でも、イラストレーターでもありません。ただ、私が長年のあいだに自分で「どうやったら楽しくなるかな、わかりやすくなるかな」と、工夫してきたノートのとり方をまわりの人がほめてくれて、それが自信になり、いつのまにか人にも教えるようになっただけなのです。
　今回はそんな私なりのノート術を、中高生のみなさんにも理解しやすいように、また活用していただけるようにわかりやすくかきました。
　最近、グラレコという言葉が注目されはじめて、グラフィックレコーディングの専門書もたくさん見かけるようになりました。私がやっているのは、そういう専門的なグラレコとは似ているところもありますが、本物のグラレコよりもずっと簡単なものなので、「グラレコ風ノート術™」とよぶことにしています。

ところで、なぜ私がグラレコ風ノート術™をやるようになったのでしょうか。ちょっとふり返ってみたいと思います。

　小さい頃、私は絵をかくのが好きで、らくがき帳によく絵をかいていました。小学校3年生くらいになって授業でノートに細かくかくことが増えてきてからは、「文字ばかりのノートは楽しくないな」と思って、ノートをかわいくしたり楽しくしたりするために、絵をかくようになりました。
　変化が訪れたのは中学生のころです。
　中学校に入ると急に覚えることが増えて、勉強が大変だと感じるようになりました。特に社会は暗記しなければならないことが多くなり、小学校のときは好きだったのに、きらいな科目になってしまいました。
　少しでも勉強を楽しくしようと思って、ノートに絵をかくようになりました。「ここがポイント！」と大切なことを強調したり、歴史上の人物の名前の横に「この人の生き方はステキ！」とメモをしたり。家でノートを見ながら復習するときは、「私だったらこうする」と自分なりの考えをかきこんだりもしていました。
　すると、おもしろいことが起こりました。
　テスト勉強のときにノートを見て復習をしていると、自分がかきこ

みをしたところは、よく覚えていたのです。そして、テストでも良い点をとることができました。

それ以来他の教科でも、感想をメモしたり参考書を見て新たな情報をかき加えたりして、どんどんノートを充実させていきました。そうこうするうち、いつのまにか以前のように勉強が楽しくなり、成績も少しずつ良くなっていったのです。

友だちから「ノートがわかりやすい」「勉強を教えて」と言われるようになり、自信にもなりました。

その後、イラストのことはすっかり忘れていたのですが、社会人になってから、再びイラストが役に立つ日がやってきました。

私は幼児教室の運営をまかされていました。教室にはいろいろな国の子どもたちが通ってきていましたが、毎日、おもちゃのとり合いや順番のわりこみ、けんかなどで、教室内はしっちゃかめっちゃかでした。みんな幼いので言葉で言ってもよくわからないし、そもそも母国語が異なるので子ども同士、言葉でわかりあうことがむずかしい状況でした。

ある日、思いついて、「じゅんばんをまもりましょう」「おもちゃはゆずりあってつかいましょう」など教室内のルールをイラストにかいて壁にはることにしました。すると、子どもたちの表情が変わりました。ようやく私の言いたいことが子どもたちに伝わったのです。それからはだんだんとみんながルールを守れるようになり、お友だちと楽しく遊べるよ

うになっていきました。単純でわかりやすいイラストは、年齢のちがいや言葉の壁も飛び越えて思いを伝えることができると実感したできごとでした。

　もう1つ、こんなできごとがありました。

　あるセミナーに参加して、講師の話をメモしていたときのこと。話し言葉を文字でかいていたらとても追いつきません。だから、ポイントだけをかいて□で囲んだり、⇒でつないだり、イラストでまとめたりしながら聴いていました。するとセミナーが終わったときにまわりの席の人たちが、「すごくわかりやすいノートですね」「どうやってやるんですか？」「私にも教えてください」と集まってこられたのです。「え!?　人に教えるようなものではないのだけど」ととても驚きましたが、それをきっかけにノートのとり方のセミナーを開催することに。それが、私がグラレコ風ノート術™を教えるようになったきっかけです。

　さて、長々と私の経験をかきましたが、お伝えしたかったのは、グラレコ風ノート術™は、知識をまとめたり、何かを人に伝えたり、むずかしい話をわかりやすくしたりするときに、とても便利だということ、そしてその力は社会人になっても役立つということです。

　ぜひ、みなさんもグラレコ風ノート術™に挑戦してみてくださいね。

樋口　美由紀

グラフィック
レコーディングとは？

絵や図を使った視覚的でわかりやすい記録法

みなさんはグラレコという言葉を聞いたことはありますか？

グラレコとは、グラフィックレコードを省略した言葉です。

グラフィックとは絵や図、写真など、「視覚的な表現方法」のこと。レコーディングとは、「記録を残す」という意味です。2つの意味を合体して「視覚的な表現方法を使って記録をすること」が、グラフィックレコードの本来の意味です。

一般的には、会議などの場で話し合いの内容を、文字や図、イラストなどを使って視覚的にわかりやすくリアルタイムで記録していくことを指すことが多いです。

グラレコは、文字だけで記録をするよりも内容がわかりやすく、また記憶にも残りやすくなります。また、言葉で示しただけでは伝わりにくいことも絵や図で示すとひと目でわかるので、誤解を防ぐことができます。さらに、絵や図を見ることで脳が活性化されてアイデアが出やすくなるという効果もあります。

グラレコは仕事の場で使われることが多いですが、本書では中学生や高校生のみなさんが授業や日常生活で気軽に使える簡単な"グラレコ風"ノート術を紹介していきます。

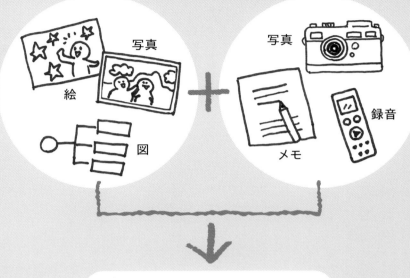

- 視覚的でわかりやすい
- 記憶に残りやすい
- 脳が活性化されアイデアが出やすくなる

イラストはさまざまな場面で活用されている

地図なしで行き先を説明できますか？

　グラレコではイラストがよく使われます。なぜなら、イラストを使うと、わかりやすさがぐっと増すからです。

　たとえば、右ページのようなイラストをみなさんも見たことがあるのではないでしょうか。これらはピクトグラム（絵文字）とよばれるイラストの一種です。上段中央のイラストはエレベーターのマークです。下段左は女性用トイレのマークですね。文字で何も説明しなくても、イラストをひと目見ただけで、だれでも意味がわかります。これがイラストのすごい効果なのです。

　また、人に道案内をするときに、あなたならどうやって説明をしますか？　駅を出て右に曲がって、横断歩道をわたってまっすぐ行って3つ目の角を左に曲がって……と、言葉だけで説明するのはむずかしいものです。でも、地図のイラストをかいて説明したらどうでしょうか。ぱっと見てすぐにどう行けばいいかわかりますよね。

　こんなふうに、イラストは身近な場面で活用されています。あなたの身の回りで、「イラストがあるおかげでわかりやすいな」と思う事例はまだまだあるはずです。ちょっと探してみてください。

ピクトグラム(絵文字)

上りエスカレーター
Escalator, up

エレベーター
Elevator

温泉
Hot spring

女性
Women

鉄道／鉄道駅
Railway/Railway station

喫茶・軽食
Coffee shop

言葉だけで説明するよりも地図のイラストをかいて説明したほうがずっとわかりやすいね！

イラストはコミュニケーションを豊かにする

言葉や年齢、文化のちがいを超えてわかりあえる

　わたしは以前、幼児教室の運営の仕事をしていたことがあります。その教室には、3歳から5歳までの世界各国の子どもたちが集まっていました。日本人の子どもでもまだ言葉があやしいのに、日本語の通じない子どもたちもたくさんいるのですから、普通のやり方ではコミュニケーションはできません。

　そこで私は、子どもたちに伝えたいことを、簡単なイラストを使って伝えることにしたのです。

　「こんなことをしたらあぶないよ」、「お友達と気持ちよく過ごすためにこれだけは守ろうね」といった、日々の生活の中で、みんなの安全のために絶対に守ってもらわないといけないことを楽しい絵を使いながら説明していきました。

　イラストを使うと、言語のちがいや年齢による理解力、文化のちがいといった壁をいとも簡単に乗り越えることができました。絵のおかげでみんなが同じことを理解できる、みんなが同じタイミングで笑える。絵の力ってすごいな、とそのとき思いました。私が今この仕事をしているのも、そのときの経験が原点にあるのかもしれません。

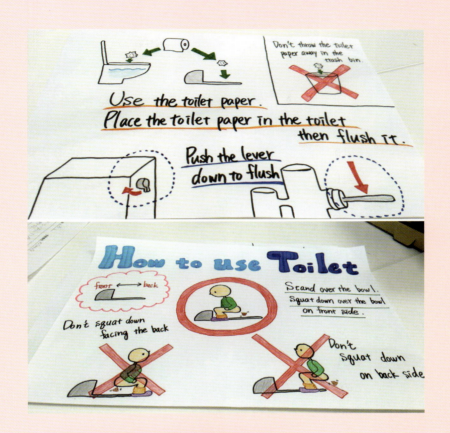

これは外国人の子どもたちに教室でのルールを伝えるためにかいたイラスト。言葉を使わなくてもちゃんと伝えられました。絵を使うと言葉の壁を乗り越えられるのだなと実感した体験です。

はじめに ……………………………………………………………………… 2

プロローグ

グラフィックレコーディングとは？ ……………………………………… 6

イラストはさまざまな場面で活用されている ………………………… 8

イラストはコミュニケーションを豊かにする ………………………… 10

第1章　グラレコ風ノート術って？

グラレコ風ノート術とは？ ……………………………………………… 16

グラレコ風ノート術ができると授業のノートが変わる！ ………… 18

グラレコ風ノート術のメリット❶ ペン一本で簡単に始められる ……… 20

グラレコ風ノート術のメリット❷ 絵が上手でなくてもいい ……… 22

グラレコ風ノート術のメリット❸ 大人になっても役立つ ……… 24

グラレコ風ノート術でできる❶ 情報わかりやすく整理できる ……… 26

グラレコ風ノート術でできる❷ 発想を広げてくれる …………… 28

グラレコ風ノート術でできる❸ 情報を共有しやすくなる ………… 30

【第1章のグラレコ風まとめ】 ………………………………………… 32

第2章　とにかくやってみよう

考えるより手を動かそう ………………………………………………… 34

必要な道具はこれだけ！ ………………………………………………… 36

基本イラストをかいてみよう❶ ぐるぐる、もくもくをかいてみよう ……… 38

基本イラストをかいてみよう❷ ○、△、□をかいてみよう ……… 40

人をかいてみよう ………………………………………………………… 42

身の回りのものをかいてみよう ………………………………………… 44

かき方例1　身の回りのもの …………………………………………… 45

かき方例2　学校に関するもの ………………………………………… 46

かき方例3　趣味や好きなものなど ……………………………… 47

かき方例4 マークで時短 ……………………………………………… 48

かき方例5 フキダシ ……………………………………………… 49

かき方例6 囲み ……………………………………………… 50

かき方例7 グラフ ……………………………………………… 51

かき方例8 流れや関係性を表す「構造」 ……………………… 52

文字もイラスト化してみよう ……………………………………… 54

ワーク❶ 自分のアイコンを作ってみよう ……………………… 56

ワーク❷ 今はまっているものを、グラレコ風ノート術でかいてみよう ………… 57

ワーク❸ 自分のお気に入りをグラレコ風ノート術でおすすめしてみよう ……… 58

【第2章のグラレコ風まとめ】………………………………………60

第3章　目的別グラレコ活用法

グラレコ風ノート術が活躍する3つの場面 ………………… 62

情報を集めて整理する❶ 確かな情報か、新鮮な情報か？ ……… 64

情報を集めて整理する❷ 聴きながらメモする ……………… 66

情報を集めて整理する❸ 整理しながら聴く ………………… 68

アイデアを広げる❶ 整理したノートから発想する ……………… 70

アイデアを広げる❷ 頭の中のもやもやを"見える化"する …… 72

アイデアを広げる❸ 視覚的に整理して発想につなげる ……… 74

アイデアを共有する❶ だいじなことを目立たせる ……………… 76

アイデアを共有する❷ わかりやすく話を組み立てる …………… 78

アイデアを共有する❸ 流れを見せて説明する ………………… 80

【第3章のグラレコ風まとめ】……………………………………… 82

第4章　学んだことを今日から使ってみよう

ふだんのメモに使ってみる ……………………………………… 84

日記をグラレコ風にかいてみる ………………………………… 86

スケジュール帳をグラレコしてみよう …………………………… 88

ネタ帳を持ち歩こう ·· 90

仲間募集チラシを作ってみよう ···················· 92

自己紹介カードを作ろう ······························ 94

読書ノートを作ってみよう ···························· 96

【第4章のグラレコ風まとめ】···························· 98

第5章　グラレコ風ノート術を話し合いにも使ってみよう

話し合いの内容をその場で形にしていこう ········ 100

ホワイトボードにかいてみよう ···················· 102

壁にペタペタ貼っていこう ···························· 104

【第5章のグラレコ風まとめ】···························· 106

第6章　授業でも使ってみよう

英語編　覚えづらいことはビジュアルで理解しよう ······ 108

国語編　情景が目に浮かぶようにイラスト化しよう ······ 110

社会編　暗記ものはイラストを使って楽しく覚えよう ······ 112

数学編　まちがった問題を放ったらかしにしない工夫 ······ 114

理科編　図や色を使って理解を深めよう ··············· 116

番外編　ノートの表紙に"グラレコ風"目次をかこう ······ 117

【第6章のグラレコ風まとめ】···························· 118

【応用編】いろいろな場面でグラレコ風ノート術を使ってみよう!

パーツを組み合わせて表現の幅を広げよう! ········ 120

4コママンガでストーリーをまとめよう! ············ 121

聴いたこと調べたことをストーリー仕立てでまとめよう! ······ 122

応用編のグラレコ風まとめ ···························· 124

おわりに ··· 125

第1章
グラレコ風ノート術って？

グラレコって何？ "グラレコ風"って何？
グラレコ風ノート術ってどうやったらできるの？
この章では、そんな疑問にお答えします。

グラレコ風ノート術とは？

グラレコじゃなく "グラレコ風"

　この本では、グラレコではなく、"グラレコ風"のノート術についてお話ししていきます。

　なぜ、"グラレコ風"なのでしょうか。

　グラレコとは、最初に紹介したように、会議などで、絵や図を使って話し合いの内容を目で見てわかりやすくみんなが理解できるようにリアルタイムにまとめることです。グラレコの良さは「わかりやすい」「記憶に残りやすい」「アイデアが広がる」ところにあります。グラレコの良さを活かして、個人が日常の仕事や勉強など生活の中で便利に活用できないかな？　と考えて生まれたのが"グラレコ風"ノート術なのです。

　いつもの手帳やノートに、簡単なイラストを添えるだけ、○や□で文字を囲むだけで、文字だけの情報よりも断然にわかりやすく、スピーディに思考を整理できる方法です。次の発想やアクションに結びつくチャンスが広がるすてきな"グラレコ風"ノート術を、あなたもぜひマスターしましょう。

わかりやすい

記憶に
残りやすい

アイデアが
広がる

いつもの手帳やノートにイラストを加えるなどひと工夫するだけで、文字だけよりもずっとわかりやすいノートになりますよ。

グラレコ風ノート術ができると授業のノートが変わる！

もっと速くかけて、あとから見てもわかりやすい

「授業中ノートをとるけれど、途中で追いつけなくなってしまう」

「ノートを見返してどんな話だったかふり返ろうとしても、文字ばっかりでうんざりしてしまう」

「一生懸命メモをしたはずなのに、あまり印象に残っていない」

「もっと次の発想やアイデアにつながるノートにしたい」

……みなさんもこのようなお悩み、あるのではないでしょうか。

ここで役立つのがグラレコ風ノート術です！

メモに簡単なイラストを添えるだけで、文字だけのメモよりもあとで見返したときに断然わかりやすくなります。

長い説明も、□や→を使って「だいたいこんな感じ」とまとめると、文章を全部メモするよりも速くできます。

イラストや図をかき込んだノートは、あとから見返してわかりやすいだけでなく、メモする時点でしっかり頭に情報がインプットされます。文字ばかりのメモよりも図や絵があるメモのほうが脳を刺激して新しい発想も生まれやすくなります。友達と情報を共有するときも、イラストや図があるとぐっと伝わりやすくなります。

こんな授業ノートをかくことができたら、授業へのワクワク感も変わってくるかもしれませんね。

Before

縄文時代：約1万2千年前から約1万年以上続いた
縄文土器：縄目文様が描かれた厚手の土器
貝塚：貝がらや食べ物の残りなどが捨てられた場所
たて穴住居：地面を掘ってくぼませ柱を立てわらなどで
　　　　　　屋根をかけた住居
土偶：魔よけや食料の豊かさを祈るためにつくられた土の
　　　人形のようなもの

After

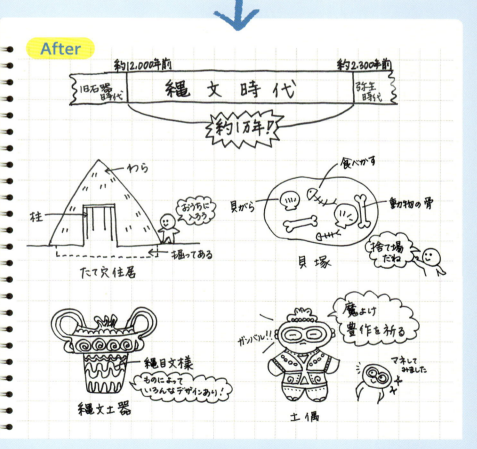

グラレコ風ノート術のメリット❶

ペン一本で簡単に始められる

　グラレコ風ノート術のもっとも良い点は、いつものノートとペンさえあれば簡単に始められることです。ペンは0.5ミリくらいの水性ペンが万能でおすすめです。手帳など小さなスペースにかくときには、0.3ミリや0.4ミリの細いペンがいいでしょう。ノートはがさがさしたものよりも、==つるつるした紙のほうが、ペンがすべりやすくてかきやすい==でしょう。

　最初は手近な道具でいろいろかいてみて、かきやすく手になじむものを見つけていくといいでしょう。ペンや紙の選び方については第3章でも説明します。

　もし、iPadとApple Pencilがあれば、よく使うイラストはアイコン化して保存しておくと、簡単にコピー&ペーストで使えますね。

　レイヤー機能が使えればさらに便利です。たとえば、人物の基本アイコンを作っておいて、顔の表情だけレイヤーを分けておけば、簡単に表情ちがいの人物をかくことができます。髪型や服もレイヤーを分けて複数のパターンを用意しておけば、簡単に複数の人物をかき分けることができます。

　描画ソフトはいろいろありますが、無料のProcreateなどが手軽でおすすめです。

グラレコ風ノート術のメリット❷

絵が上手でなくてもいい

「グラレコ風ノート術ってむずかしそう。絵下手だし……」

と思う人もいるかもしれませんが、心配ご無用です!

むずかしく考えないでください。みなさんがいつも普通にかいている線や点線、→、○、△、□といった図形も、イラストです。それならかけそうな気がしませんか?

また、一見複雑なイラストも、実は○、△、□といった基本図形の組み合わせにすぎません。本書で紹介するかき方のコツを見ながら、恐れることなくどんどんかいてみましょう。

グラレコ風ノート術の目的は、絵を上手にかくことではありません。絵をかくのはあくまでも情報の整理、発想、共有をより快適に行うための手段。そのためできるだけスピーディに、カンタンでもいいので意味のわかる絵をかくことが大切なのです。

私はよくグラレコ風ノート術の講座を開催するのですが、参加者の多くは絵が上手ではない方です。こういう方も1時間くらいの講座でちょっとしたコツを学ぶと、上手ではなくても絵を使ってわかりやすく説明ができるようになります。かけると楽しくなって、どんどん上手になりますよ。

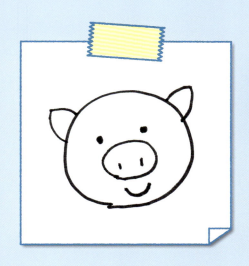

一見むずかしそうな絵も単純なパーツの組み合わせだよ!

1 小さなマルをかいて

2 点を2つ

3 大きなマルをかいて

4 小さなマルを2つかいて

5 耳を2つ

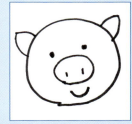

6 口をかいてできあがり!

グラレコ風ノート術のメリット❸

大人になっても役立つ

　みなさんが大人になって仕事をするようになると、会議メモをとったり、調べものをしてそれをノートにまとめたり、人にわかりやすく何かを伝えたりする機会が出てきます。最近では大人になってから新しい学びを始める人も多く、そこでもノートは活躍しています。

　グラレコ風ノート術の講座を開催（かいさい）すると、社会人の方が多く参加されます。たとえば、「論理的な思考は得意だけど、文字ばっかりの会議録とか企画書しかかけないのがいやだからグラレコ風ノート術を学びに来た」という方もいます。こういう方は筋道を立てて考えるのは得意なので、かき方のコツさえわかればどんどんイラストを使って見やすい資料がかけるようになります。

　また講座には「絵は得意だけど考えを論理的に整理したりまとめたりするのは苦手」という方も多く来られます。こちらも、「こんな情報整理の方法もあるのか！」とコツをつかむと、上手にグラレコ風ノートが作れるようになります。

　グラレコ風ノート術ができるようになると、論理的思考力も視覚的な表現力もバランスよく身につくようになるのかもしれませんね。

グラレコ風ノート術でできる❶

情報をわかりやすく整理できる

　グラレコ風ノート術でできること、1つ目は情報の「整理」です。

　突然ですが、あなたの授業ノートは、単に板書をかき写しただけだったり、先生からもらったプリントを貼っただけになったりしていませんか?

　勉強が得意な人は、自分なりのノートを作って使いこなしているものです。たとえば、板書を写したページの余白に、先生のつぶやき(ここ重要!のような)や自分の感想をフキダシでかきこんでいたり、参考書で調べたメモが口で囲ってかきこまれていたり、言葉だけでなく関連するイラストをそえていたり。ノートを2分割して、かきこみらんを作り、板書と自分のメモを分けている人もいます。

　「私にはこんなノート無理」と思う人もいるかもしれませんが、グラレコ風ノート術を覚えれば、あなたもカンタンに自分だけのわかりやすいオリジナルノートを作れるようになります。

　授業ノートだけでなく、読んだ本を読書ノートにわかりやすくまとめたり、自分で調べたことをノートに整理するときも、グラレコ風に整理すると、あとから見ても内容をありありと思い出せるような印象的なノートが作れますよ。

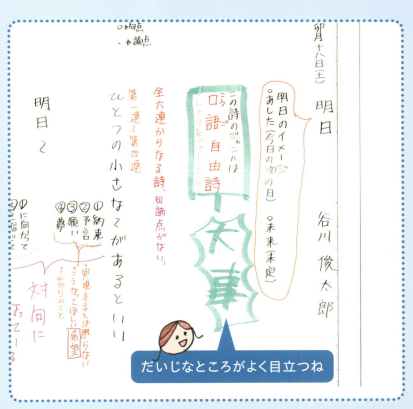

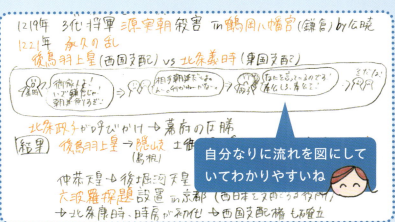

> グラレコ風ノート術でできる❷

発想を広げてくれる

　たとえば、「さあクッキーでも作ろうかな」と思ったとき、みなさんならどうしますか？　バレンタインデーに手作りの友チョコを作って友達を喜ばせたい！　ということもありますよね。

　お菓子作りの本を広げて写真を見て、材料と作り方を読んでそのとおりに作ってもいいけれど、自分流にオリジナルのものを作りたいと思ったりしませんか？　そんなとき、たいていみなさんは、「こんな形にしよう」と、まず頭で形をイメージするのではないでしょうか。でも、頭で思い浮かべているだけではなかなか先に進めません。

　そこでグラレコ風ノート術です！　頭の中に浮かんだイメージを、紙にかいてみるのです。たとえば「お花の形にしよう」と思ってお花の絵をかいてみる。すると花びらは5枚にしよう、中心に赤色を入れたいな、葉っぱはこんな形にしよう、など、かきながらイメージが具体的になっていきます。

　自分で絵をかき、その絵を見て、それが刺激になってもっとアイデアが出てくる。そういうことがあなたの脳みその中で起こっているのです。頭の中だけで考えているよりもぐんとアイデアが広がりませんか？　これがグラレコ風ノート術でできることの2つ目、「発想を広げる」ということなのです。

> グラレコ風ノート術でできる❸

情報を共有しやすくなる

　グラレコ風ノート術でできることの3つ目は「人に伝えやすくする」ことです。

　人に自分の考えを伝える（共有する）とき、言葉や文字だけだと伝わりにくいなと感じることありますよね。そんなときも、ちょっとした絵や図がかけるとぐっと伝わりやすくなります。

　「ちょっと紙かして。つまりこういうことなんだけどさ…」というように、みなさんもふだんから自然とやっているのではないでしょうか。

　たとえば遠足のスケジュール。朝9：00に学校集合、9：30にバスで出発。10：30に〇〇サービスエリアでトイレ休憩、11：00〇〇に到着、12：00まで自由時間、12：00グループでお弁当……と、文字情報だけ並べられても、ちょっとイメージがわきにくいですね。

　ここに、地図を入れたり、時計のマークを入れたり、バスやお弁当のイラストを入れたりするとどうでしょう。矢印を入れるだけでも、どこからどこへ向かうのか、ぐっとわかりやすくなります。

　文字をじっくり読まなくても、全体の流れがわかりやすいし、見ているとなんだか楽しくなってきますよね。

　もちろん人にも伝わりやすくなります。こんなふうに、イラストはみんなの理解を高め情報共有をしやすくするのです。

遠足のお知らせ

★スケジュール

学校集合 — 忘れものはないかもう一度確認。遅刻しないように。

バス出発 — 必要な人は酔い止め薬を忘れずに。

〇〇サービスエリア — トイレ休憩をしよう。

〇〇に到着 グループ行動 — グループ行動は時間を守って。

お弁当（グループで） — グループ行動は時間を守って。

こんなマップも作ると楽しいね！

第1章 グラレコ風ノート術って？

第1章のグラレコ風まとめ

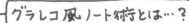
グラレコ風ノート術とは…？

絵や図を使ってわかりやすく、記憶に残りやすく、アイデアの広がるノートのかき方！

わくわく。

どんどんかいてみよう！

グラレコ風ノート術ができると…？

情報の整理・発想・共有が上手になる！

グラレコ風ノート術 3つのメリット

1. ペン1本ではじめられる！
2. 絵が上手でなくても楽しくかける！
3. 大人になっても役立つ！

第2章
とにかくやってみよう

グラレコ風ノート術ができるといろいろ
便利になりそうですね！　この章では、
実際のかき方についてお伝えします。
とにかく手を動かしてかいてみましょう。最初は慣れ
なくても、かけばかくほど上手になりますよ！

考えるより手を動かそう

動かしていると楽しくなりかけそうな気がしてくる

　ここまで読んできて、あなたもグラレコ風ノート術、やってみたくなりましたか？　それともちょっとまだ自信がありませんか？

　少しでも興味を感じたなら考えるよりまず手を動かしてみましょう。お料理本も、読んで理解するだけでは実際に作れるようにはなれませんよね。それと同じです。

　手を動かして何かをかいているうちに、あとからあとからアイデアが浮かんできたことはありませんか？　落書きは、右脳を活性化させてアイデアが生まれやすくなると言われています。ほかにも、落書きには脳をリラックスさせたり、集中力を高めるなどの効果もあるそうですよ。

　最初は簡単なものからでいいんです。次のページから順を追ってお話ししますので、紙とペンを用意して練習をしながら読み進めてください。

　おなじ〇でも人によって微妙に形が違います。それはその人の個性です。本と同じようにかく必要はありません。あなたのオリジナルでいいんです。かいてみると意外に楽しいなとか、自分って案外上手かも、と新しい自分に出会えるかもしれませんよ。

対話というテーマでかいたAさんのイラスト

Aさん：以前は、「対話だから2人だろう」くらいしか考えないで絵をかいていた。練習後は「対話だから、お互いの顔を見ながらニコニコ話しているな」など様子をイメージしながらかくようになった。

表情が豊かで、動きのある絵になりましたね！

Bさんが「ミーティングメモ」にかいた参加者リスト

Bさん：以前は、出席者は単に名前をかいていた。練習後は、「メモをもっとみんなに楽しく読んでもらいたい！」と思って、それぞれの人の特徴を入れて絵をかいてみた。そうしたらものすごくウケて、とてもうれしかった！

「どうしたら伝わるか？」を考えると絵はどんどん上達しますよ。

必要な道具はこれだけ！

お気に入りを見つけよう

　ノートとペンさえあれば、グラレコ風ノート術を始められると第1章で言いましたが、実は、ちょっと道具にこってみると絵のしあがりがすいぶん違ってきます。

　初心者にはボールペンよりも水性ペンをおすすめします。サラサラとすべりが良くかきやすいからです。油性ペンはノートに裏うつりするのでおすすめしません（もぞう紙にかくときはOK）。

　小さな手帳にかくときは0.3ミリ、ノートにかくときは0.5ミリのペンがいいでしょう。少し大きめの紙にかくときやイラストを目立たせたいときは、0.7～1ミリが向いています。

　紙はすべりがよくしっかりかけるものがいいです。

　色は、たくさん使うとカラフルで楽しいですが、授業ノートのときは、いちいちペンを持ちかえていると時間が足りませんから、基本は黒だけでいいでしょう。色を使うとしても、プラス赤と青の3色で。カラフルにしてしまうとどこがだいじだかわからなくなるからです。青はだいじなところ、赤は最重要項目、というように、自分なりのルールを決めて使うといいでしょう。

ペンを選ぶポイント

なめらかにかける水性ペンがおすすめ。太さは0.3～0.5ミリが使い良いでしょう。大きいイラストをかくときは、1ミリなど太いペンがいいですね。マーカーもあるとノートが楽しくなります。

2ウェイカラーマーカー〈マークタス〉（5本セット）
マーカーとペンの2ウェイなので便利。

ファインライター　イラストはもちろん、文字のトメ、ハネ、ハライなど幅広い表現ができる。

ノートを選ぶポイント

好みのもので良いですが、表面がなめらかなほうがペンがすべりやすく、イラストが上手にかけます。

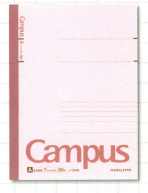

左から
キャンパスノート（セミB5）
罫線入り、ドット入りなどいろいろな種類があるので自分に合ったものを選ぼう。

キャンパス ルーズリーフ（さらさら書ける）
その名のとおり、表面がなめらかでさらさらかける。

手帳を選ぶポイント

野外でメモをとるときに使うので、コンパクトなものがよく、表紙が堅いとかきやすいです。

野帳
表紙が堅く小さなノート。
移動しながらでもかきやすい。

キャンパスノート ドット入り罫線（B6）
ポケットにも入る小さくて扱いやすいノート。

第2章 とにかくやってみよう

基本イラストをかいてみよう❶
ぐるぐる、もくもくを かいてみよう

　絵が苦手な人でも、ペンで線を引いたり、ぐるぐる、ぐにゃぐにゃ、もくもくの線をかいたりしたことはありますよね。小さな子どもにクレヨンを持たせると最初にかくのも、ぐるぐる、もくもくです。そして、グラレコ風ノート術にも、ぐるぐる、もくもくはひんぱんに登場します。

　たとえば、円グラフや棒グラフは線が引ければかけますよね。花丸や雲のようなフキダシも、ぐるぐる、もくもくでできています。ぜひ、ここからマスターしましょう。

　落書き気分で楽しくのびのびと。だんだん楽しくなってきますよ。

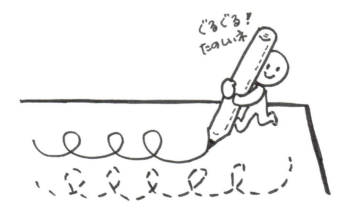

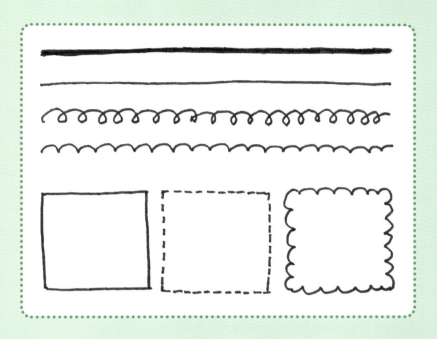

ぐるぐる・もくもくと普通(ふつう)の線だけでこんな絵がかけるよ!

基本イラストをかいてみよう❷

○、△、□をかいてみよう
（マル　サンカク　シカク）

　○、△、□はみなさんもおなじみの図形ですね。これまでの人生の中で何度もかいてきたのではないでしょうか。これもグラレコ風ノート術ではひんぱんに登場します。○、△、□がかけたら、グラレコ風ノート術のテクニックの半分くらいはクリアしたと言ってもいいでしょう。

　なぜなら、たいていのものは○、△、□の組み合わせでかけるからです。いつものノートに、○、△、□が登場するだけでもかなりノートの雰囲気が変わるはずです。

　定規は使いません。フリーハンドでかきます。「コンパスや定規がなければきれいにかけない！」と心配しなくても大丈夫。きれいにかけなくても、わかればいいのです。ちょっとくらいいびつでも味があるものです。

　ただし、コツはあります。コツその1、かき始めとかき終わりはきちんと閉じること。その2、□や△は、角をふわっとしないできちんとかくこと。その3、何回も線をなぞらず一気にかくことです。

　それさえ守れば、細かいことは気にしない。どんどんかいて慣れていきましょう。

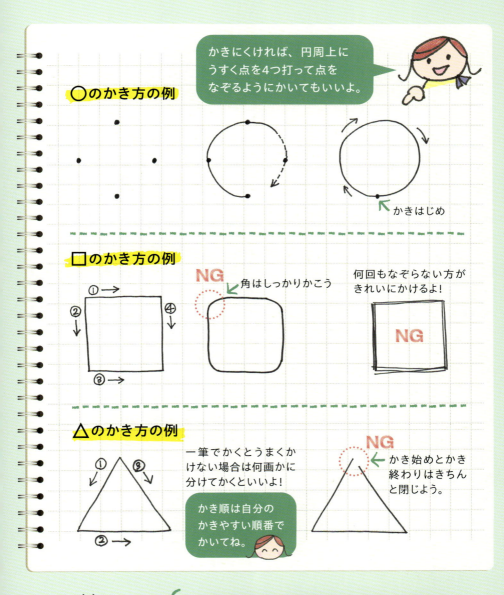

うまくかくコツ

1. かき始めとかき終わりはきちんと閉じる
2. 角はしっかりかく
3. 何回もなぞらず一気にかく

人をかいてみよう

○と☆だけでこんなに表現が広がる！

　今度は人をかいてみましょう。「え〜、急にハードルが上がった！」としり込みしなくても大丈夫！　実は、人は○と☆だけでかけるのです。○が頭で☆が胴体です。☆の上の角は首になります。残りの4つの角は手足になります。ね、簡単でしょう？

　人物がかけるようになると、ノートがいっきに活き活きしてきます。たとえば人のイラストと「ここがポイント!」というセリフを組み合わせると、目立ちますし記憶にも残りますよね。あとから見返すときもわかりやすく、文字だけのノートよりも楽しく復習できそうです。

　人はぜひしっかり練習してください。基本の人物がかけるようになると表現の幅がぐっと広がるからです。

　たとえば、頭にリボンをつけただけで「女性」を表せたり、手に指示棒を持つと先生キャラになったり、杖を持つとシニアになったり。

　人物を2人、3人並べると仲良しになりますし、5〜6人集めるとチームになります。ね、どんどんかきたいものが広がっていきませんか？

リボンをつければ女性、杖を持てばシニアなどいろいろバリエーションが作れますね。

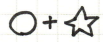 ○と☆だけで人物がかけちゃう！

 手や足を動かすだけで伝わる！

 リボンをつけると女性に！

 杖を持つとシニアに！

複数の人が集まると、仲良しやチームを表現できます。
ホワイトボードと指示棒を加えるとプレゼンする人になりますね。

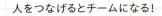
人をつなげるとチームになる！

発表シーンも表現できる！

ひと言アドバイス

☆がめんどうなら、○だけでも、笑顔、怒った顔、悲しい顔などが表現できますよ。

身の回りのものを
かいてみよう

ぐるぐる、もくもく、〇△□ができればかける

　さあ、だんだんイラストをかくことに慣れてきましたか？　そして、楽しくなってきたのではないでしょうか。

　次は、身の回りの目につくものを片っぱしからイラスト化していきましょう。大丈夫！　むずかしくはありません。これまで練習したぐるぐる、もくもくや、〇△□の組み合わせでたいていのものはかけます。

　授業中にグラレコ風ノート術を実践するにはスピーディさがだいじです。一度練習してかけるようになっていると、ささっとかけて時短になるのです。

　次ページから、イラストの例を紹介しますが、同じようにかかなくてもかまいません。自分でオリジナルのアイコンやスタンプを作る感覚で、自由にかいてください。

　iPadでかいておくと、コピー・アンド・ペーストで、スタンプのように簡単に使えますね。

かき方例 1
身の回りのもの

太陽（晴れ）

傘（雨）

雲（くもり）

自動車

電車

家

ビル

木

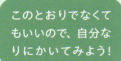
このとおりでなくてもいいので、自分なりにかいてみよう！

カフェ

カフェ看板

かき方例 2
学校に関するもの

校舎
ノートと鉛筆
黒板
シャープペンシル
三角定規
卓球
テニス
水着
通学バッグ
弁当
水筒

ここにある以外のものもイラストにしてみよう！

かき方例 3
趣味や好きなものなど

かき方例 4
マークで時短

　花丸マークを見れば、だれでも「よくできました」という意味だとわかりますよね。しかも、文字でかくよりも簡単に速くかけます。こういうマークをたくさん作っておくと、スピードが求められる授業ノートにはとっても便利です。だいじなポイントは☆(ホシ)マーク、ひらめきやアイデアは電球マークというように、自分なりの利用ルールを決めて、いくつかマークを作っておきましょう。

かき方例 5
フキダシ

　フキダシは使用頻度の高いパーツの1つです。板書はされていないけど、先生が言っただいじなひと言などをフキダシでかきとめておくと記憶に残りますし、あとで復習をするときに、授業の様子がありありと頭に浮かんできます。授業中に「ん？」「なんで？」と気になったことは雲形のフキダシでかきとめておき、あとでまとめて先生に質問したり、自分で調べたりできます。

　知識を増やすこともだいじだけど、「どうしてだろう」「こうしたらどうだろう」と疑問や仮説をいっぱい持つことも同じようにだいじだと私は思っています。そんなフキダシでいっぱいのあなただけのノートをぜひ作ってください。勉強がもっと楽しくなりますよ。

かき方例 6
囲み

　ノートをかいていて、ここは重要だなと思うところを□(シカク)で囲ったりすることは、みなさんもよくやっているのではないでしょうか。これの良いところは、かく時点でも記憶に残りやすく、あとで見直すときも、重要ポイントがひと目でわかること、そして簡単にできることです。マーカーを使ってもいいのですがペンを持ちかえるのは時間がかかります。

　同じ□でも、点線の□、二重線の□、波線の□など、バリエーションをつけるとより表情が豊かになります。ただ、やみくもにバリエーションをつけるとあとで見て何がだいじなのかわかりにくくなるので、自分なりのルールは定めておきましょう。

かき方例 7
グラフ

　何かを伝えるときに、数字で説明することはよくあります。そんなとき、数字をただ並べるのではなく、グラフで説明すると、ぐっと理解度が高まります。たとえば、「米の消費量は60年前と比べて半減した」とただ聞くよりも、グラフを見せてくれたほうが一瞬でわかりますよね。「日本で収穫されるりんごの約6割が『ふじ』という品種だ」というときも円グラフなら一目瞭然です。

　細かい数字までかかなくても、急激に増えた、ゆるやかに減っている、だいたいこのくらいの割合というように、ざっくりとした傾向がわかれば大丈夫です。

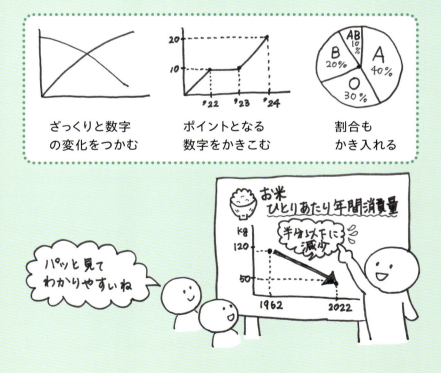

かき方例 8
流れや関係性を表す「構造」

　授業中に先生が「ここが重要！」とか「ポイントは3つです」みたいにノートにかきやすい話し方をされない場合、言葉を全部メモしようと思うと大変ですよね。そんなときは、キーワードだけを抜き出してかき、□(シカク)で囲んで⇒(ヤジルシ)でつなげていきましょう。

　接続詞は話の流れをつかむ手がかりになります。「しかし」とくれば次はこれまでとは逆の話、「また」とくればちょっと視点の違う話、「たとえば」とくれば前の話の具体例、と見当がつきますよね。これまでの話と、接続詞以降の話を□で囲って、間に接続詞をかいてつないでいくとスピーディにまとめられます。

　この方法は、歴史などをまとめるときにも使えます。また、すばやく話の要点をつかむ訓練になりますよ。

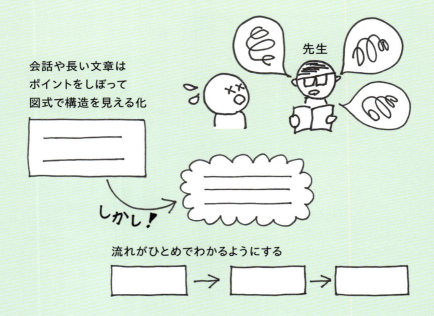

会話や長い文章は
ポイントをしぼって
図式で構造を見える化

しかし！

流れがひとめでわかるようにする

■ 江戸時代のおもなできごと

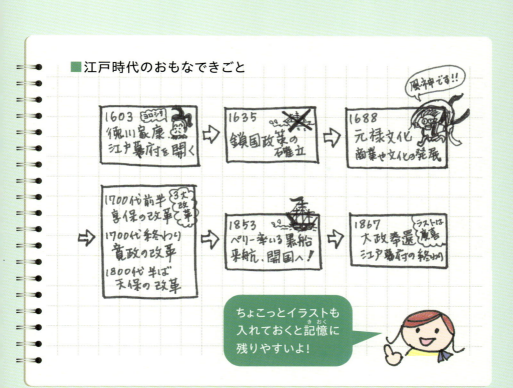

■ 2年3組の人の放課後の過ごし方調査

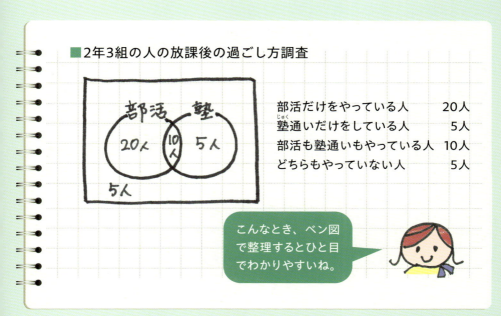

文字もイラスト化してみよう

大きさを変えたり飾ってみたり

　文字も、太くしたり、かげをつけたり、線で囲ったりすることで、イラストと同じように、目立たせたり、人をひきつけたりすることができます。ぜひ、いろいろなパターンをマスターして、使いこなしましょう。

❶文字をかいてみよう

　文字は、上手でなくてもいいので読みやすくかくこと。ノートには罫線(けいせん)がありますね。まずは罫線にそってていねいにかきましょう。それだけで、ずいぶん読みやすくなりますよ。

　次に、==漢字はやや大きめに、ひらがなはやや小さめに==かくとバランスがよくなります。

　もし、先が四角いペン（平芯(ひらしん)マーカー）を使う場合は、たてを太く、横を細くかくと、カッコよく見えますよ。

❷ 文字を装飾してみよう

太くする

ふくろ文字にする

かげをつける

飾りをつける

❸ 文字を囲ってみよう

四角いわくで囲う　　　　　リボンで囲う

イラストと組み合わせる

❹ いろいろな表現をしてみる

第2章 とにかくやってみよう

ワーク❶

自分のアイコンを作ってみよう

　ノートをとったり手帳に予定をかくときに、あったら便利だなと思うマークやアイコンを考えてみましょう。一度作っておくと、いろいろ使えて便利ですよ。

56

ワーク❷

今はまっているものを、グラレコ風ノート術でかいてみよう

　これまで学んだパーツを使って、あなたがいまハマっているものを1コマでかいてみましょう。

　言葉がなくてもその人の好きなことが伝わってきますね。

例
スイミング

⬇あなたのハマっていること

ワーク❸ 自分のお気に入りをグラレコ風ノート術でおすすめしてみよう

相手にメッセージを伝えるとき、決まったパターンを使うと便利です。今回は、次のパターンを使って自分のお気に入りのものを友だちにおすすめしてみましょう。

❶ 伝えたいメッセージ（〇〇をおすすめします）
❷ おすすめする理由1、2、3
❸ 相手に促したい行動（だから、〜してほしい）

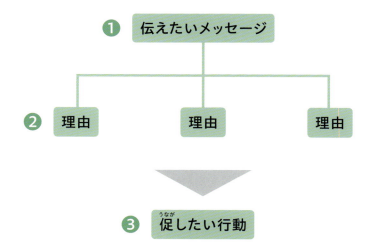

プレゼン資料は、パソコンで作成することが多いので、イラストをデータ化して貼り付けやすいように、iPadで作成してみました。

まず、文字だけで構成を考えてみます。

例：iPadminiをおすすめしたい！

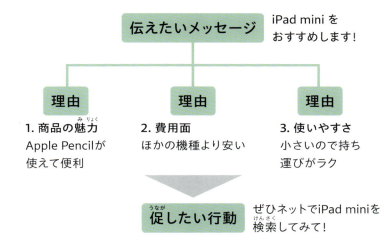

次に、簡単なイラストを入れて完成です！

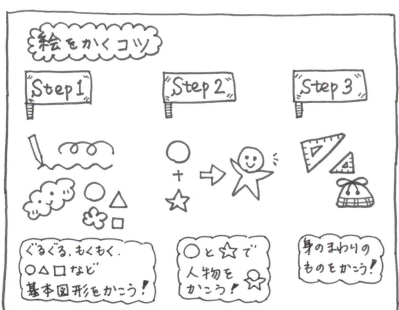

第3章
目的別グラレコ活用法

いろいろなイラストをかいてみて、手が慣れてきましたか？この章では、グラレコ風ノート術が「情報整理」「発想」「共有」の場面でどう使えるかを学びましょう。

グラレコ風ノート術が活躍する 3つの場面

情報を集めて整理し、考えて、共有する

　第2章でだいぶイラストをかくことに慣れてきたのではないでしょうか。

　第3章では、これまで練習してきたイラストを使って、いつものメモやノートを楽しくてわかりやすく変身させるために、「グラレコ風ノート術」を学んでいきます。

　グラレコ風ノート術が活躍する場面には、「情報を集めて整理する（整理）」「アイデアを広げる（発想）」「情報やアイデアを伝える（共有）」という3つの場面があります。

　その3つはさらに、次のページのように細かく場面がわかれます。実際にどうやってノートにかいていくか、64ページ以降で説明していきます。

　整理、発想、共有は、大人になっても何度も出会う場面です。グラレコ風ノート術を今から身につけておくと、きっと役立ちますよ。

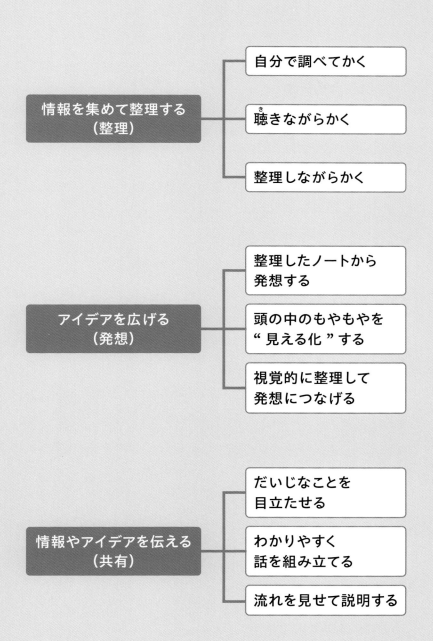

> 情報を集めて整理する❶

確かな情報か、新鮮な情報か？

　みなさんが情報を集めるときって、どういうときですか？　調べ学習で自分のテーマについて調べる、修学旅行の自由行動日に行きたいところを調べる、授業で習ったことがよくわからないから家に帰って調べるなど、いろいろな場面がありますね。

　そのとき大切なのは、「どこから」「どういう情報をとってくるか」です。気をつけたいのは、「その情報は確かか？」「新鮮か？」の2つ。ネットを使えばだれでも簡単に情報を集められるようになってとても便利なのですが、情報の中には個人の意見や感想、フェイクニュース（にせ情報）も混ざっています。情報の発信元はどこなのか、いつ公開されたものなのかをしっかり確認しましょう。世の中はとてもめまぐるしく変わっているので、10年前や5年前の情報だと、今とは違っている可能性があります。できるだけ新しい情報を探すこともだいじです。

　正しい情報の見極めは、とてもむずかしく、大人でもフェイクニュースにだまされることがあります。だまされないためには、出所の確かな複数の情報を読み比べたり、信頼できる人に意見を聴くことも対策になりますよ。

第3章 目的別グラレコ活用法

情報を集めて整理する❷

聴きながらメモする

　授業中や、講演会のときなど、人の話を聴きながらその内容をメモすることはよくあるのではないでしょうか。文字ばっかりでメモるのではなく、イラストやマークを入れて、あとで見て内容がありありと思い出せるような見やすいノートを作りましょう。

　ポイントは3つ。❶あまり時間をかけないこと。時間をかけてていねいにかいていると話がどんどん進んでいって内容がわからなくなってしまいます。イラストはスピーディに、できるだけカンタンでかつわかりやすくかくことが大切。❷話のポイントにだけイラストをつけること。そうすることで、あとで読み返すときに、イラストだけを目で追っていけば、大切な部分がすぐにわかります(慣れてきたら少しずつイラストを増やしてみてもgood !)。

　❸自分の心にひびいたところには特に目立つようにイラストをつけること。先生が重要と言った部分も大切ですが、「自分自身が何にひびいたか。何に気づきを得たか」、自分の心や頭の動きをつかんでおくことは、あとから見直して、次の「発想」のステップに進むときに、とても役立つのです。

情報を集めて整理する❸

整理しながら聴く

　たとえば先輩に「受験生のときの勉強法を聴く」、調べ学習で地域のお年寄りに「昔の町の話を聴く」など、人の体験を聴いて自分の学習や活動に活かしたいということはよくあるのではないでしょうか。

　そんなとき、相手の話を全部メモしようとすると大変だし不可能です。こんなときに、イラストを使ったグラレコ風ノート術が大活躍。ここが山場だなとか、自分の気持ちにひびいたなと思うところはイラストで強調し、あとから見てわかるようにしていきましょう。

　もう1つ、覚えておいてほしいのは、たとえば町の歴史や人の歩んできた道などを聴くときは、あらかじめノートに、年代をかいておいて、聴きながら整理していくというテクニックです。

　なぜなら話し手は、必ずしも年代順に話を進めるとは限らないからです。大人になってからの話をしていたら急に幼少期の話になったり、また大人のときの話にもどったり。それをそのままの順番でメモしていたら、あとで見てわけがわからなくなります。

　そこでノートの上部に横軸を引いて2000年、2005年、2010年とあらかじめ年号を入れておき、話の内容によってメモをする位置を変えるのです。すると話を聴いたあとに、これまでの話が1枚の年表のようにまとまってとてもわかりやすくなります。

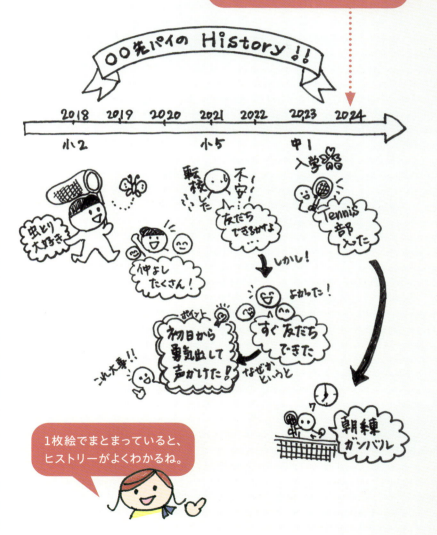

アイデアを広げる❶

整理したノートから発想する

　ノートやメモは、かいて終わりではなく、そのあとで見返してどう活用するかでより価値が高まります。特に、アイデアを広げるときにこれまで調べて整理したメモがとても役立ちますよ。

　「アイデア」とか「発想」というと、発明のように今までこの世になかったものを新しく生み出すこと？　そんなすごいこと無理！と思うかもしれませんが、世の中の多くの発明は、昔だれかが考えたアイデアとアイデアをかけ合わせて生まれています。今まであったものにほんのすこしの気づきや工夫を加えて進化させるだけで、立派なアイデア発想なのです。

　アイデアとアイデアをかけ合わせるときに役立つのが、これまでみなさんがノートにかいてきたことです。ここまで読んできてくれたみなさんなら、イラストやマークを使って「だいじなポイント」や「心にひびいたこと」がパッと見てわかるようになっているはずですね。それらを組み合わせると、いろいろな記憶がよみがえったり、そこから何かをひらめいたりするかもしれません。

ノートにひらめきや感想をかいておくと、あとでアイデアのネタになるよ。

Column

カドケシという、角がいっぱいある消しゴムを知っているかな？これは、「消しゴムってカドがあるうちは消しやすいよね。もっと角がないかな」とだれかが思いついたことから生まれたのです。消しゴムも、「カドが消しやすい」ということも昔からみんな知っていたこと。そこから、「カドがいっぱいある消しゴム」という今までなかったアイデアが生まれたのです。

アイデアを広げる❷
頭の中のもやもやを"見える化"する

　第1章でも述べましたが、何かを作ろうと考えたとき、頭の中で考えているだけではなかなかイメージが固まりません。

　たとえば、工作でロボットを作ろうというとき、ちょっと手を動かして絵をかいてみると、「こんな形にしよう」「顔はこんな感じにしよう」「色はこうしよう」とどんどんイメージがふくらんでいくはずです。頭の中で考えているときはもやもやしていたアイデアが、だんだん具体的になっていくのです。そのうち「もっとこうしよう」「やっぱりここはこうしたほうがいいかも」と、最初のアイデアよりもより良いアイデアへと成長していきます。

子どもの作品。クリスマス会で手作りお菓子(かし)をつくろう、のテーマで、まずイラストでつくりたいものをかいてみて、表情や色もつけてみてから、制作。市販のものを活用してかわいいお菓子が作れたね。

かくことでイメージが広がるね！

アイデアを広げる❸

視覚的に整理して
発想につなげる

　これまで習ったイラストを活用して1日の予定表を作るとしたら、みなさんはイラストをどんなふうに使いますか？　もちろん正解はないので、自由に、想像力を働かせてみましょう。

　たとえば、まず縦に長い長方形をかきます。その長方形の横に、上から下に向かって、朝起きて夜寝るまでの時間を1時間ごとに区切って目盛りをかきます。1時間ごとに時刻を入れます。ここまでで予定表の枠の部分ができました。

　次に、学校の時間や朝食、夕食など、必ずやらなければならない予定をかき入れます。その活動に関連する簡単なイラストもかき入れてみましょう（むずかしかったら文字だけでOK）。すると、残ったスペースはどれくらいありますか？　図でかいていると、空いたスペースを見るだけで直感的にわかりますよね。

　「これだけ時間があれば、こんなことができそうだ」とか「宿題はこのくらいの時間でできそうだ」など、空いたスペースを見ながら判断することもできます。時間を広さ（幅、空間）でとらえることで、直感的に時間的イメージがしやすくなるのです。

　これは図やイラストを使う大きなメリットです。

アイデアを共有する❶

だいじなことを目立たせる

　たとえば友達のノートを借りたとき、ノートを開いてまずどこを見ますか？　マーカーを引いていたり、□（シカク）で囲っていたり、大きな文字でかかれていたり、なにかしら目立つところに目がいくのではないでしょうか。逆に、ただ文字だけがかかれたノートは、たとえきれいであってもどこを見たらいいのか、何がだいじなのかわかりにくいものです。グラレコ風ノート術では、==アピールポイントにイラストを添（そ）えて、だいじなところに目がいくノートをめざしましょう。==

　そのためにはまず、なにが自分にとってのアピールポイントなのかを考える（決める）必要があります。自分でもどこがポイントなのかわからなければ、それは結局ノートとしてもポイントの定まらないノートになってしまいます。==1ページ、あるいは見開き2ページごとに1つ、必ず「見るべきポイント」を作ってメリハリのあるわかりやすいノートにしましょう。==

　「ここはポイント!」「ぜひアピールしたい!」「みんなに賛成してほしい!」というところが決まったら、マイアイコンの登場です。「ここはアピールポイント!」のアイコンはぜひあらかじめ作っておいて活用し、伝え上手をめざしましょう。

囲み線や「ポイント」でわかりやすくしたノートだね。マイアイコンを入れてもっと楽しくしたよ！

マイアイコン

マイアイコン

賢治のうったえたいこと…
自然との共存をして平和な世界にする。

原爆ドームは戦争のおそろしさを伝え、未来への光にしていくための世界の遺産なのだ。

原爆ドームは、それを見る世界中の人々の心に原子爆弾がもたらす被害と核兵器の使用禁止、さらには戦争を許さず平和を守っていく強い意志を築くための世界の遺産なのだ。（模はん解答）

ポイントは、「原爆の被害、核兵器の不使用、平和を守っていく」を入れるといい◎

自分の解答と模範解答を比べて、「具体的なポイントを盛り込むと説得力ある文章になる」という気づきをかいたノートだね。

アイデアを共有する❷

わかりやすく話を組み立てる

　相手に何かを伝えたり連絡するとき、いろんな話をいっしょくたにして伝えていませんか？

　「今日は雨だったので部活が休みだったけどやりたい人は自主練していいと先生に言われたから大会が近いのでメンバーのAと一緒に屋根のあるところでテニスの練習をしました。」

　これを聞いて、「何が言いたいのか」がすぐにわかりますか？ん？　ちょっとわかりにくいですよね。

　一番言いたいことだけにしぼって短くしてもいいけど、「やっぱり全部言いたい！」、そんなときは<mark>話をかたまりごとに分けて、それぞれの関係性を→などでつないでみましょう</mark>。さらに、矢印部分に、前後の関係性を表す接続詞（しかし！　さらに！）など添えておくと、よりわかりやすくなります。話すときも、かたまりごとに文章を分けて一文を短くするように心がけると伝わりやすくなりますよ。

だいじなことだけ言うなら、
部活は雨で休みだったけど、
大会が近いので練習をした
ですが、全部言いたいなら…

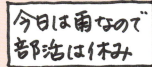

これが結論！

アイデアを共有する❸

流れを見せて説明する

　理科の実験の手順をグループのみんなに伝えるとしたら、あなたはどんなふうに伝えますか？　たとえばビーカーの水をガスバーナーで熱する場合、まず三きゃくを用意して、三きゃくに金あみをのせて、その上に水を入れたビーカーをのせて……、言葉や文字だけで伝えるのはなかなかむずかしいですよね。こんなときにイラストが活躍します。何をどの順番で行うかが伝わればOKなので、上手にかく必要はありません。まずは、伝えたいことを3つか4つの流れで整理します（ビーカーを用意→水を入れる→ガスバーナーに火をつける）。次に、流れに沿って文章に合うイラストを添えます。すると作業の流れが目で見てわかり、文章だけで順番にかいていくよりもぐっとわかりやすくなります。また、言葉だけで説明をすると、人によって聞きまちがえたり解釈が異なったりすることがありますが、イラストならだれが見ても一目瞭然。

　みんなが理解しやすいこともイラストのメリットです。

三きゃくの上に金あみをのせる　　金あみの上に水を入れたビーカーをのせる　　ガスバーナーに火をつけて三きゃくの下に移動する

料理のレシピをイラストでわかりやすく表してみよう!

親子丼の作り方

もとのレシピ

❶ とり肉はそぎ切りにし、たまねぎは薄切りにする。
❷ フライパンに❶と調味料を入れて煮る。
❸ 溶きたまごを流し入れる。
❹ どんぶりにご飯を盛り、❸をかけて三つ葉をのせる。

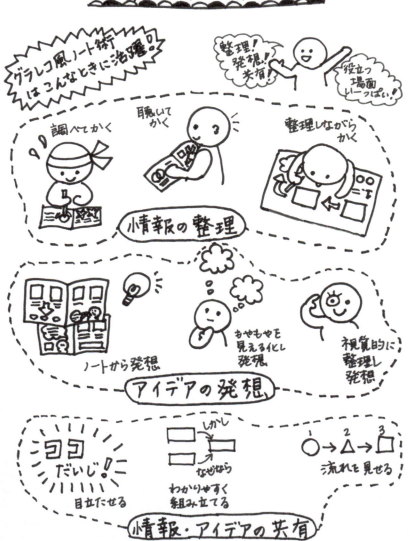

第4章

学んだことを今日から使ってみよう

グラレコ風ノート術はいろいろな場面で活躍します。
この章では使用例をいくつか紹介します。みなさんも
他にどんな使い方があるか考えてみてくださいね。

ふだんのメモに使ってみる

文字だけのメモより頭に残りやすい

　お買い物に行くとき、あらかじめ買いたいものをメモしてから行きますか？　私はメモがきを持たずに買い物に出かけると、目的なくフラフラとお店を歩き回ってしまい、結局予定していなかったものまで買ってしまったり、必要なものを買い忘れたりという失敗をくり返していました。そこで、買い物に行くときは、あらかじめ買うものをメモにかいてから行くことにしています。

　スマートフォンのメモ帳を使うのも便利なのですが、スマートフォンはSNSを見たりだれかと連絡をとっていたりと、なにかと使用中のことが多いもの。手がきメモのほうが使い勝手がいいなと感じています。

　ちょっとした買い物メモでも、文字だけを並べるよりもちょこっとイラストを入れておくほうが、たくさんリストがあるときにも覚えやすいように感じます。絵をかくときは、ものの形を思い浮かべたり実際に見ながらかいたりするので、商品名を文字でかくよりも記憶に残りやすいのかもしれません。

　日々の暮らしのさまざまな場面でメモをとるとき、ぜひイラストを入れてみましょう。楽しいですし、絵の練習にもなります。また、自分でかいたイラストはなかなか忘れないものです。

明日の持ち物
- 調べ学習ノート提出
  (途中までしかできていなくてもOK。できたところまで必ず提出する)
- 体操着
  (ゼッケンをつけてくるのを忘れないこと!)
- アルトリコーダー

学校へ持っていくものリストもイラストを入れると楽しいし、忘れ物防止にもなるよ!

① 調べ学習ノート

未完成でもOK。必ず提出!

② 体操着

四方を縫いつける(安全ピンは×)

③ アルトリコーダー

こっち!
大きい方!
ソプラノ　アルト

日記を
グラレコ風にかいてみる

自分の成長日記になる

　みなさんは日記をかいていますか？　日記というと「毎日かかなければいけないの？　なんだかめんどう」と思うかもしれませんね。でも、1日の終わりに静かに自分と向き合って、今日のできごとや自分なりにがんばったこと、感じたことをメモしておくと、今後やるべきことや改善するべきことが見えてきたり、自分の成長が実感できたりして案外いいものです。

　私は、簡単な日記やジャーナリング（考えや感情を紙に書き出して気持ちを整理する）をイラストを使ってかいています。文字だけで埋めつくすよりも見やすく、かいているうちにだんだん楽しくなってきます。

　パソコンやスマートフォンにもジャーナリングのアプリはありますが、自分の心と向き合うときは、機械的に文字を入力するよりも手がきのほうが、やっぱりいいような気がします。

　日記では友達や家族など、同じ人が何回も登場することがあるので、あらかじめよく出る登場人物のアイコンを作っておくといいですね。人物のかき方は第1章をもう一度復習してみてください。顔の形や、目・鼻・口などのパーツの配置を少し変えるだけでいろいろなバリエーションができますよ。

スケジュール帳を
グラレコしてみよう

1カ月のできごとがひと目でわかる

　みなさんはスケジュール帳を使っていますか？　最近ではスマートフォンやパソコンのアプリでスケジュール管理している人も多いですね。スケジュール帳は、これからの予定をかき入れる人が多いと思いますが、ここでは別の使い方を提案します。

　スケジュール帳は1カ月が30〜31個の四角で区切られているタイプを使います。この1マスにその日の思い出（印象に残ったできごと）を1コマの絵でかいていきます。これを1カ月続けると、1カ月のできごとを一瞬でふり返ることができますね。

　文字の日記が長続きしないという人でも、1日1絵なら続けられるのではないでしょうか。今日はさぼっちゃった、という場合は2〜3日分まとめてかいても大丈夫。1日1コマでできごとを記録していくことがだいじなのです。

　絵ならたった1コマでもいろいろなことがわかります。これが文字を超える、絵の魅力なのです。ふり返ってみるとあのころこんなことやっていたな、など見られて楽しいですよ。

　毎日かいていると絵自体も上手になりますし、できごとを絵で表すことも上手になりますよ。

スケジュール帳の例

89

第4章 学んだことを今日から使ってみよう

ネタ帳を持ち歩こう

小さな手帳にいつでもどこでもサクッとメモ

　ノートをとるのは、室内の机の上だけとは限りません。たとえば修学旅行や校外活動など、外で活動しながら見たこと、聴いたことをメモするようなことってありますよね。片手に荷物を持ちながら、雨の日にはかさも持ちながら、メモをとるのはなかなか大変です。そんなとき、小さくて丈夫な手帳があると便利です。

　また、通学の途中や犬の散歩のときなどに、急になにかいいアイデアがひらめいた！　ということはよくありますよね。そんなときも、ポケットに入るサイズの手帳があればすぐにかき留められます。家に帰ってからかこうと思っても案外忘れてしまうので、==思いついたらすぐかくことがだいじです。==

　イラストや図でささっとかくと文字だけでかくよりも速くかけます。スマートフォンのメモ帳もいいけれど、絵をかこうと思うとめんどう。やはり手帳にまさるものはありません。

おすすめは小さくて表紙がかたい手帳。歩きながらでもかきやすい。

アイデアはいつどこで生まれるかわからない。いつでもどこでもサッとかける手帳を常備して、すぐにかける状態を作っておこう。

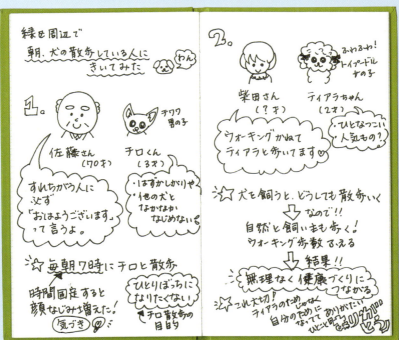

仲間募集チラシを
作ってみよう

パッと目をひき、想いが伝わる

　たとえば、部活で部員募集をしたいとき、バンドのメンバーを募集したいとき、SNSでよびかけるのもいいけれど、チラシを作って配ったり、壁に貼ったりすることもありますよね。

　ではどんなチラシを作ったらいいでしょうか。ヒントは「もし自分がチラシを見る側だったら、どんなことを知りたいか」と考えて作るとうまくいきます。「どんなメンバーがいるのかな？　雰囲気はいいかな？　活動は週何回くらいあるのかな？　楽しいかな？」などが気になるところですよね。

　いくら良い活動をしていても、チラシに必要な情報がかかれていても、ほかにもたくさんのチラシがある中で、目立たないと見てもらえません。こんなときにもイラストです！

　情報に字だけでなく、かわいいイラスト、元気なイラストを添えて楽しいチラシを作りましょう。

　「みんな待っているよ！」「一緒に楽しく活動しよう！」など、イラストとフキダシを使ってかかれていると、優しさや温かさが伝わってくると思いませんか？　上手じゃなくても、気持ちが伝わるチラシを作ってみましょう。

自己紹介カードを作ろう

一瞬で自分のことを知ってもらえる

　新入学のときやクラス替えのとき、新しく出会った人たちに自分のことを知ってもらうためにあなたはどうしていますか？　学活の時間などで、ひと言ずつの自己紹介タイムはあるかもしれませんが、それだけではおたがいのことを知るには情報不足ですよね。

　そんなときにおすすめしたいのが「自己紹介カード」です。

　名前とともに、自分の好きなことや趣味などをイラストでかいてみましょう。ニコニコの顔マークだけでもいいし、野球が好きならボールやバットのイラスト、テニスが好きならラケットのイラストをかいてもいいでしょう。共通の趣味などもパッと見てすぐわかりますね。はじめは、「名前と顔が一致しない」ことがありがちですが、こんな自己紹介カードがあれば、相手のことが印象に残りやすく、すぐに覚えることができるでしょう。

　みなさんも社会人になると、新しい人に出会うたびに名刺交換をすると思いますが、大人でも文字だけの名刺ではなかなか相手のことを覚えられないものです。私はそういうときは、名刺を受けとったあと、その人の印象をイラストにして名刺にかき込むようにしています。そうすると数カ月後に再会したときも、「ああ、あのときに会った〇〇さん」と思い出せて便利なのです。

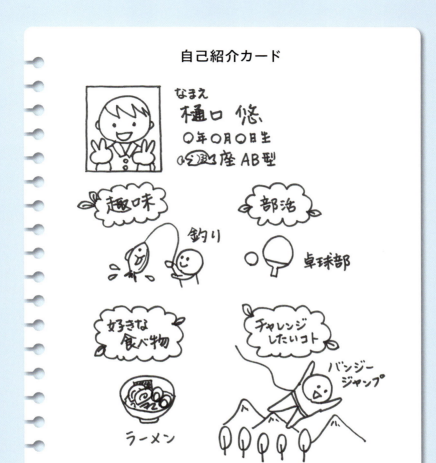

95

読書ノートを作ってみよう

本の要点をイラストと図解でまとめる

　本を読んで、「感動した」「ためになった」と思っても、しばらく経つと「どんな本だったっけ？」と内容を忘れてしまうことはありませんか？　せっかくの気づきや感動したことを心にとどめておけるように、グラレコ風ノート術でまとめておきましょう。

　右ページのノートはリンダ・グラットンという人がかいた『ワーク・シフト』という本の内容をまとめたものです。

　まず、この本にはテクノロジーの進化、グローバル化、社会の変化、人口構成の変化と長寿化、エネルギー・環境問題の深刻化という5つのポイントがあったので、5つの輪をかいてその中に言葉とイラストを入れて、5つの風船を持っているような絵をかきました。そして、明るい未来のためには❶専門知識を得る、❷みんなでイノベーション（改革）、❸情熱を持てる経験という3つの転換が必要だということをイラストで表しています。200ページもある本の内容を一気に覚えるのは大変ですが、<mark>一冊の中で自分が最も重要だと感じた部分にしぼり、イラストで整理</mark>しておくと、頭にも残りやすく、あとでノートを見返したとき、自分なりの考えやアイデアを広げるのにも役立ちます。

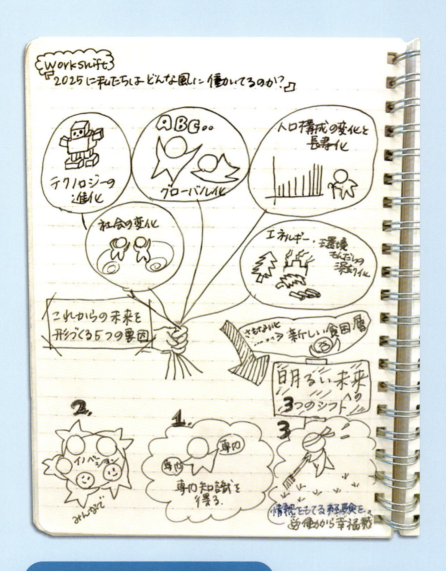

何がポイントかイラストでざっくりまとめています。細かい内容は忘れてもキーワードはしっかり記憶に残りますね。

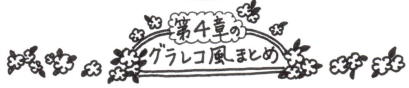
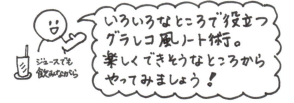

第5章
グラレコ風ノート術を話し合いにも使ってみよう

伝えたいことを、
いろいろなマークや
イラストを使って、
わかりやすく伝えるのが
グラレコ風ノート術。

このテクニックを
話し合いの場でも
使うとみんなで情報を
共有しやすくなり、

「あのアイデアと
　このアイデアを足したら
　こんな新しいアイデアが
　生まれた！」に
つながるかもしれませんよ！

話し合いの内容を
その場で形にしていこう

話し合いがどんどん盛り上がる

　みんなで話し合うとき、どんな方法で話し合っていますか？　意見のある人が発言して、それを書記の人が黒板にかき、最後にノートに議事録をかくというやり方でしょうか？

　グループ活動で班ごとに机をくっつけて、その上に大きなもぞう紙を置き、班の人全員がサインペンを持って、話しながら自分の考えや思いつきをどんどん紙にかいていく話し合いのスタイルがあります。かく向きはそろっていなくてもOK。手を挙げてひとりずつ発言しなくても、同時に何人かがかきこんでもOK。みんなが自由に発言したりかいたりすることで、たくさんの意見が出ますし、他の人の意見を見たり聴いたりすることで、また違うアイデアが生まれます（アイデアとアイデアのかけ算ですね）。

　みんなで話し合う良さは、ひとりじゃ思い浮かばなかったけど、だれかが言ったことから想像をふくらませて、さらにアイデアが広がっていくこと。また、手を挙げたり自分から発言するのが得意ではない人も平等に意見を出せることもこの方法のメリット。

　この紙には、みんなの意見や思考の進化がたくさんつまっているはず。きっとみんなが満足できる話し合いになるでしょう。

みんなが思ったことを口にしながら、かきながら、さらに
ひとの話を聴きながら、1つの紙にかいていく。ある程度
でてきたら全体をながめて、そこからまた話し合ってみよう。

「あ、それいいね」
「たとえばそれで思いついたん
だけどこんなのは……」など、
だれかの上乗せアイデアが
出てきたらすばらしい！

発言が苦手な人も、
紙にかくことで
みんなに意見を
伝えることができるよ！

全員が、思っていることを
出せたり、だれかの上乗せ意見に
つながったりしたら、みんなにとって
満足のいく話し合いに
なりそうだね。

第5章 グラレコ風ノート術を話し合いにも使ってみよう

ホワイトボードにかいてみよう

立ってかきながら話すとさらに盛り上がる

　発言が得意な人も苦手な人も、無理なくみんなの意見を平等に出す話し合いの方法としては、100ページで紹介した机の上のもぞう紙を使うほかに、ホワイトボードを使うやり方もあります。

　ホワイトボードを活用するときは、メンバー全員がボードの前に立って、会話をしながら意見をかき込んでいきます（マーカーは全員が持ちます）。ふしぎなもので、座ったまま話し合いをするよりも、立って動き回りながら意見を出すほうが活動的になって発言量も増えるのです。また、机に向かってメンバーがそれぞれかくときと違って、文字の向きがそろうので見やすいというメリットもあります。

　ホワイトボードのもう1つのメリットは、かいたり消したりが自由なところ。まちがってもすぐかき直せるので気楽にかけますね。考えながらなんとなくかいてみて、かいたのを見て、やっぱりこんな感じかなと、試行錯誤も簡単にできます。

　そして、話し合いの最後には、ホワイトボードを写メで撮っておけば、それが議事録になります。

壁にペタペタ貼っていこう

みんなの意見が集まりやすくなる

アイデアがありすぎて、もぞう紙やホワイトボードじゃとても足りない！　というときは、壁全面を使ってみましょう。

話し合いに参加する全員に付せん紙とサインペンを配り、各自が付せん紙にどんどん意見やアイデアをかいていきます。

この方法の良いところは、必ず付せんに意見をかかなければいけないので、全員から平等に意見が得られることです。

「1人最低10枚以上」など枚数を指定すると、たくさんのアイデアが集まりやすくなります。また、テーマごとに付せんの色やペンの色を分けておくと、あとで整理するときに便利です。

進め方は、まず、シンキングタイム（考える時間）を設定し（5分程度）、その間に付せんに意見をかきます。時間になったら意見をかいた付せんを壁に貼ってみんなで共有します。

みんなで全体をながめて、似ている内容同士を近くに貼りかえて、内容をグループ分けします。「こんな意見が多いね」「ここがみんなの気になるポイントのようだね」「この意見は少ないけど鋭い視点だね」などの会話につながります。

※壁に付せんが貼りづらいときは、壁にもぞう紙を複数枚貼っておいて、その上に付せんを貼るとよい。壁にもぞう紙を貼るときは、四隅をテープでとめる。壁がいたまないように養生テープで貼ろう。付せんはかき終わったら全員が一気に貼る方法と、1人ずつ付せんの内容を発表してから壁に貼っていく方法もあるよ。

アイデア出し付せんにも文字と一緒にイラストをかくとわかりやすい。

コツは1つの付せんには1つのテーマでかくこと。1枚にあれもこれもかくと、あとで並べかえて分類するときに、どの仲間にいれたらいいかわからなくなるよ。

似た意見の付せんは動かしてグループごとにまとめると議論が整理されるよ。

グループ分けでは少数意見の中に貴重な気づきがあることも。

第5章 グラレコ風ノート術を話し合いにも使ってみよう

もぞう紙

ホワイトボード

壁に付せんをはる

みんな集まって話し合うときはノートを飛びだして大きなところにみんなでかいてみよう！

第6章
授業でも使ってみよう

みなさんは、授業のノートをどんなふうにとっていますか？　先生の板書にオリジナルのイラストやアイコンを加えて、自分だけの、見やすくてわかりやすいノートを作りましょう。

先生が「ここだいじ！」と言ったところを 四角で囲って強調 するだけでもぐっとわかりやすくなります。先生のちょっとした雑談を、先生の顔アイコンとフキダシを組み合わせてささっとメモしたり、疑問に思ったことをメモしておいて、あとで調べてかき加えたり。

また、 私はこう思う といったひらめきを、もくもくで囲ってメモしておくと、そこから新しい発想が生まれるかもしれません。ただ板書を写すだけよりも、断然楽しいし、ちょこちょこメモをすることで、授業の内容もしっかり記憶に残るはずです。

第6章 授業でも使ってみよう

【英語編】

覚えづらいことは
ビジュアルで理解しよう

in the box

on the box

above the box

under the box

in front of the box

between the boxes

behind the box

below the box

覚えづらい「前置詞」はイラストでイメージしながら覚えよう!

箱や人を使ってイラスト化すると、位置関係や距離がイメージしやすいよ。

108

第6章 授業でも使ってみよう

国語編

情景が目に浮かぶように イラスト化しよう

絵があることで情景をイメージしやすい。

詳細な説明プラス色付きイラストで、視覚的にも理解がしやすいね。

社会編

暗記ものはイラストを使って楽しく覚えよう

(3) 鎌倉幕府の滅亡
課題 なぜ幕府は滅びたのか？
　竹ざきすえながが等がせっかく元軍を倒したのに土地がもらえない。(元軍から土地を奪ったわけではないから)
　↓
　大部分が生活苦(領地の分割相続)

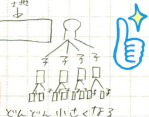
どんどん小さくなる

> もらえる分量が少なくなることがひと目でわかるね！

> 欄外に板書にはない気づきや先生の言葉、あとから調べたことを記入。理解が進むね！

1. モンゴルの襲来と日本
課題 なぜ幕府は元を撃退できたのか？
 台風でたいさんしたんじゃないの？

(2) 二度の襲来
フビライからきょうはくの手紙がくる。
(元の支配下に入れ、入らないと武力を使うという内容)
　↓
　日本に使者を送る(手紙をもって)
　　執権・北条時宗がしりぞける(無視する)
　　↓こんな日本の反応に怒り
① 1274年 九州北部の博多湾岸に上陸(対馬、壱岐も)
　(　文永の役　) (元：3万人 900隻)
　(高麗の軍事もあわせてきた。)

チンギス・ハンがモンゴル帝国をつくる

ヨーロッパの人がタタール(地ごくの民)とよばれた

一代で四十国をほろぼすと言われた

外国が日本に来て戦ったのははじめて

1219年　3代将軍 源実朝 殺害 in 鶴岡八幡宮(鎌倉) by 公暁
1221年　承久の乱
　　後鳥羽上皇(西国支配) vs 北条義時(東国支配)

（御成敗人を！いで鎌倉じゃ朝廷倒すぞ！）⇒（相手朝廷だよよ…。行かないかな…）⇒（なたと言ってるのでろ！連化しる…春なる！）⇒（うだに…）

北条政子が呼びかけ →幕府の圧勝
結果　後鳥羽上皇→隠岐、土御門上皇→土佐、順徳天皇→佐渡
　　　　　　　　(島根)　　　　　　　(高知)　　　　　　(新潟)

仲恭天皇→後堀河天皇
六波羅探題 設置 in 京都 (西日本を支配する役所)

> マンガ風イラスト入りで楽しい！
> これは記憶(きおく)に残りやすいね！

1600年　リーフデ号 が豊後臼杵に漂着
　　　→乗組員が家康に仕え、外交顧問になる
　ウィリアム=アダムス(三浦按針) 英
　ヤン=ヨーステン(耶揚子) 蘭 } 紅毛人
　　　→肥前平戸で貿易開始
1603　関ヶ原の戦い in 美濃(岐阜)
　　石田三成(秀吉側) vs 徳川家康
1605年　徳川家康が征夷大将軍となる
1604年　糸割符制度　　　　　　　　　銀が外国に流れすぎないように
　　マカオからの生糸を糸割符仲間(決められた商人)に価格を
　　決めて一括購入させる。 長崎・堺・京都・大坂・江戸
1605年　将軍職を秀忠に譲り、大御所 になる
　　　　　　　　　　　　　　　　　将軍をやめた人
　　　　　家
　　　徳川が世を治めていくんだって示すため

> 特に重要な年号はイラスト
> にして目立たせてみよう。

まちがった問題を放ったらかしにしない工夫

まちがえた！ → 解き直し（日付を入れよう）→ 解き直しOK!

まちがえた→あとで解き直し→解き直したがわかるようにしよう。

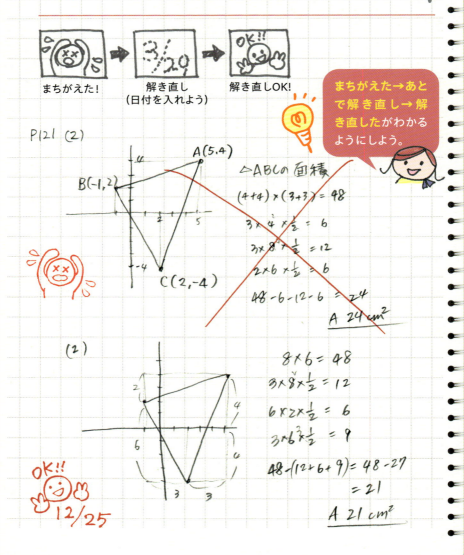

比例の表

時間	1	2	3	4	5	6
深さ	4	8	12	16	20	24

x / y

時間が増えるごとに深さも深く(増)なっている。
深さが4の倍数になっている。
深さ÷時間は、全て4になる
時間÷深さは、0.25 ($\frac{1}{4}$) になる
　　　　　　全部

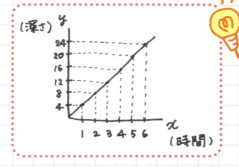

グラフも一緒にかいておくとわかりやすいよ。

【問題】
A地点からB地点までを往復するのに、行きは時速6km、帰りは時速4kmの速さで歩きました。かかった時間は、行きと帰りの合計で5時間でした。A地点からB地点までの距離を求めよう。

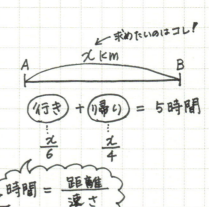

←求めたいのはコレ!
x km
A ─────── B
(行き) + (帰り) = 5時間
 $\frac{x}{6}$　 $\frac{x}{4}$

時間 = $\frac{距離}{速さ}$

文章題は、かいてある条件を図や式に置きかえてみるとわかりやすいよ。

第6章 授業でも使ってみよう

理科編

図や色を使って理解を深めよう

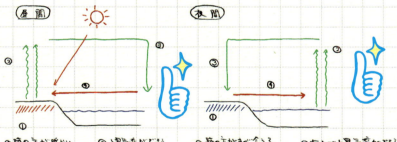

色の変化に合わせた文字の色にしているよ。色を効果的に使っていて、視覚的にもわかりやすいね。

①〜④の説明に合わせた絵があるのでわかりやすいね。

> 番外編

ノートの表紙に
"グラレコ風"目次をかこう

　みなさんはノートの表紙に何をかいていますか？　おそらく教科の名前と自分の学年、クラス、名前はかいていると思います。でも、それだけでは中に何がかいてあるかすぐにはわかりませんよね。私はノートの表紙に"グラレコ風"に目次をかくようにしています。こうすることでノートにどんなことがかかれているかひと目でわかり、見返して復習するときにとても便利です。

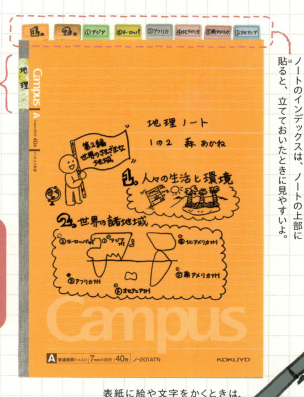

背表紙にもノートのタイトルをかいておこう。本立てからいちいちノートを取り出さなくても、何のノートか確認できるね。

ノートのインデックスは、ノートの上部に貼ると、立てておいたときに見やすいよ。

ノートや教科書、参考書はブックエンド（本立て）を使って立てておこう。必要なものが探しやすいよ。

表紙に絵や文字をかくときは、油性太めのペンがgood！

117

第6章のグラレコ風まとめ

授業ノートにもグラレコ風ノート術のワザを活用しよう。
ポイントは、絵にこらず ササッとかくこと。
マイアイコンを作ると便利！

① 文字だけだと理解しづらいもの
（例：位置関係、人物関係、風景、文章題 など）

② 重要なポイント
（例：年号、先生の言葉、気づき など）

③ まちがえたところ
（二度とまちがえないように）

絵が効果を発揮する 3つの場面

まずは①②③をみつけたら
絵もかいてみよう！

【応用編】

いろいろな場面でグラレコ風ノート術を使ってみよう!

イラストやマークを活用して表現することに慣れてきたら、それらを組み合わせて、表現の幅を広げていきましょう。自分が新しく学んだこと、知ったことをグラレコ風にまとめていくと、世界に2つとない自分の成長記録になります。

（応用編）いろいろな場面でグラレコ風ノート術を使ってみよう！

パーツを組み合わせて 表現の幅を広げよう！

マンガにしたりすごろく風にまとめたり

　ここまででみなさんは、基本図形やイラストなど、いろいろなパーツがかけるようになっているはずです。それだけでも十分、表現は広がるのですが、パーツを単体で使うだけでなく、つなぎ合わせるともっと表現の幅が広がりますよ。

　たとえば人や顔マークにフキダシをつけると1コママンガのようになりますし、それを4つならべると4コママンガになります。

　地図に、家や木、お店などのイラストを添えてイラストマップもかけますね。

　自由研究でもグラレコ風ノート術は大活躍します。

　偉人の伝記を年表風にまとめたり、工場見学の様子をすごろく風にまとめたり、いろいろなアイデアを考えてみてください。

4コママンガでストーリーをまとめよう！

昨日のできごとを4コママンガにしてみたよ！

（応用編）いろいろな場面でグラレコ風ノート術を使ってみよう！

調べたことをストーリー仕立てでまとめよう！

温かいペットボトルのお茶が開発されるまで

セミナーで大手飲料メーカーの人から聞いた話をイラストでまとめ、帰宅後、自分で調べたことをかき加えました。1枚の絵で言いたいことが一瞬でわかりますね。

⇒や、もくもく、ふきだし、グラフ、イラストなど、これまで学んだことを組み合わせると、こんなに手の込んだグラレコ風ノートができあがります!

（応用編）いろいろな場面でグラレコ風ノート術を使ってみよう！

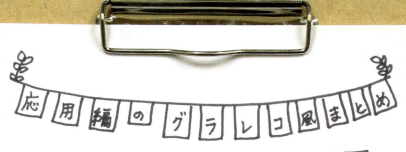
応用編のグラレコ風まとめ

いよいよ最後のまとめです。
ここまで練習したパーツを組み合わせて
ストーリーのあるグラレコ風ノート術作成に
チャレンジしましょう！

マップ スタートからゴールまでの絵をかく練習にもってこいです！

4コマ マンガ ストーリーにそって絵をかいてみましょう

ストーリーを1枚にかいてみる
A3サイズの大きな白紙に自由にかいてみましょう。決まりはありません。

楽しんでたくさんかこう！